BIBLIOTHÈQUE-LEDUC

A Madame C. VINOT
Professeur au Conservatoire

ÉCOLE DE STYLE

LEÇONS MANUSCRITES
DE SOLFÈGE

A CHANGEMENTS DE CLÉS AVEC ACCOMPAGNEMENT DE PIANO

Autographes de l'Auteur

PROGRAMME DES ÉLÈVES-CHANTEURS

ÉDITION A. — *Voix de femmes* : Clés de sol 2e. Fa 4e. Ut 1re. Ut 3e lignes.
ÉDITION B. — *Voix d'hommes* : Clés de sol 2e. Fa 4e. Ut 4e lignes.

1er LIVRE : 20 *Leçons*.
2e LIVRE : 20 *Leçons*.

PAR

HENRI BÜSSER

Professeur au Conservatoire de Musique. Chef d'Orchestre de l'Opéra

CHAQUE LIVRE. PRIX : 4 FRANCS NET

Les mêmes, sans Accompagnement (fᵗ gᵈ in-8°).
Autographes de l'Auteur
Chaque Livre. Prix : 1 franc net.

ALPHONSE LEDUC

ÉMILE LEDUC, P. BERTRAND ET Cie
ÉDITEURS DE MUSIQUE
3, Rue de Grammont, PARIS

TABLE

PREMIER LIVRE

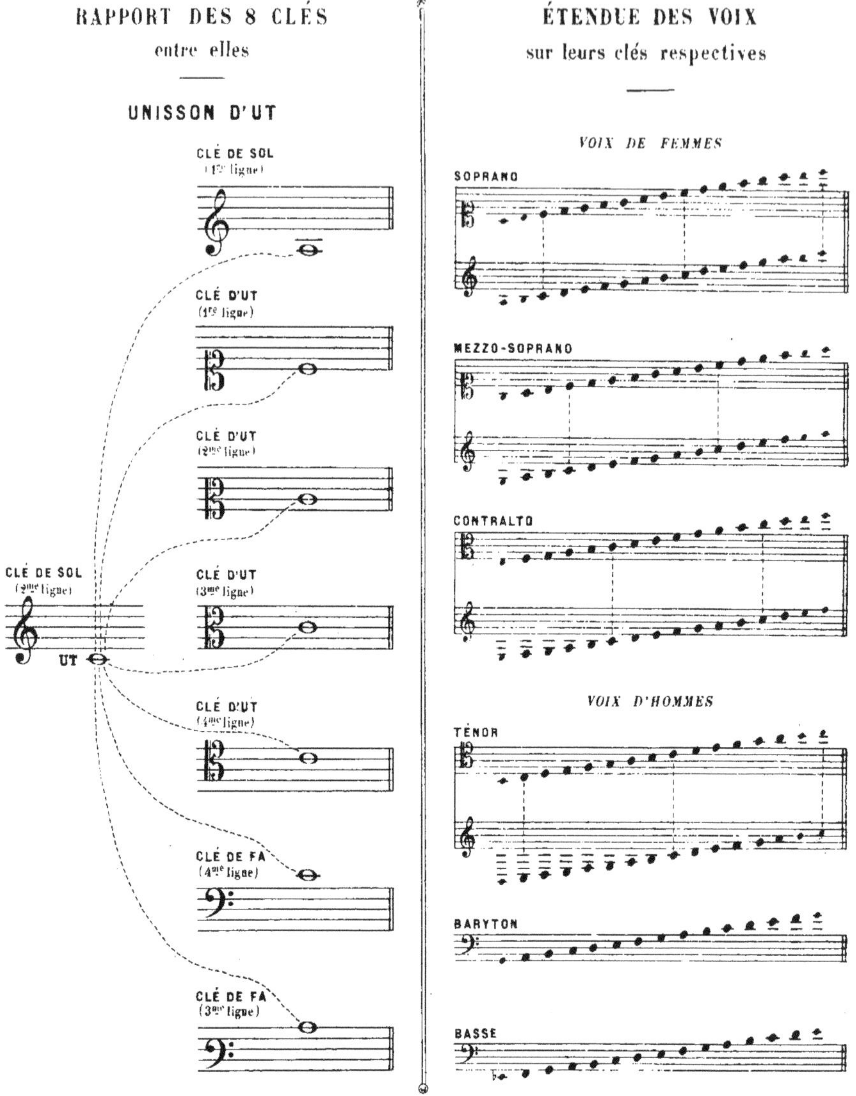
RAPPORT DES 8 CLÉS
entre elles
UNISSON D'UT
CLÉ DE SOL
(1re ligne)
CLÉ D'UT
(1re ligne)
CLÉ D'UT
(2me ligne)
CLÉ DE SOL
(2me ligne)
UT
CLÉ D'UT
(3me ligne)
CLÉ D'UT
(4me ligne)
CLÉ DE FA
(4me ligne)
CLÉ DE FA
(3me ligne)
ÉTENDUE DES VOIX
sur leurs clés respectives
VOIX DE FEMMES
SOPRANO
MEZZO-SOPRANO
CONTRALTO
VOIX D'HOMMES
TÉNOR
BARYTON
BASSE

A *Madame* C. VINOT, Professeur au Conservatoire

LEÇONS MANUSCRITES

DE SOLFÈGE

A CHANGEMENTS DE CLÉS

Programme des Elèves Chanteurs

1er Volume

20 LEÇONS

(Voix de Femmes)

HENRI BÜSSER

N° 1

Paris, ALPHONSE LEDUC, (Emile Leduc, P. Bertrand & Cie) A.L.14,028.

mf
f
pp
mf
sf
pp subito.
pp
pp
cresc.
p
mf
mf
p
Ped. (chaque mes.)
mf
dim.
p
mf
Dim.
p

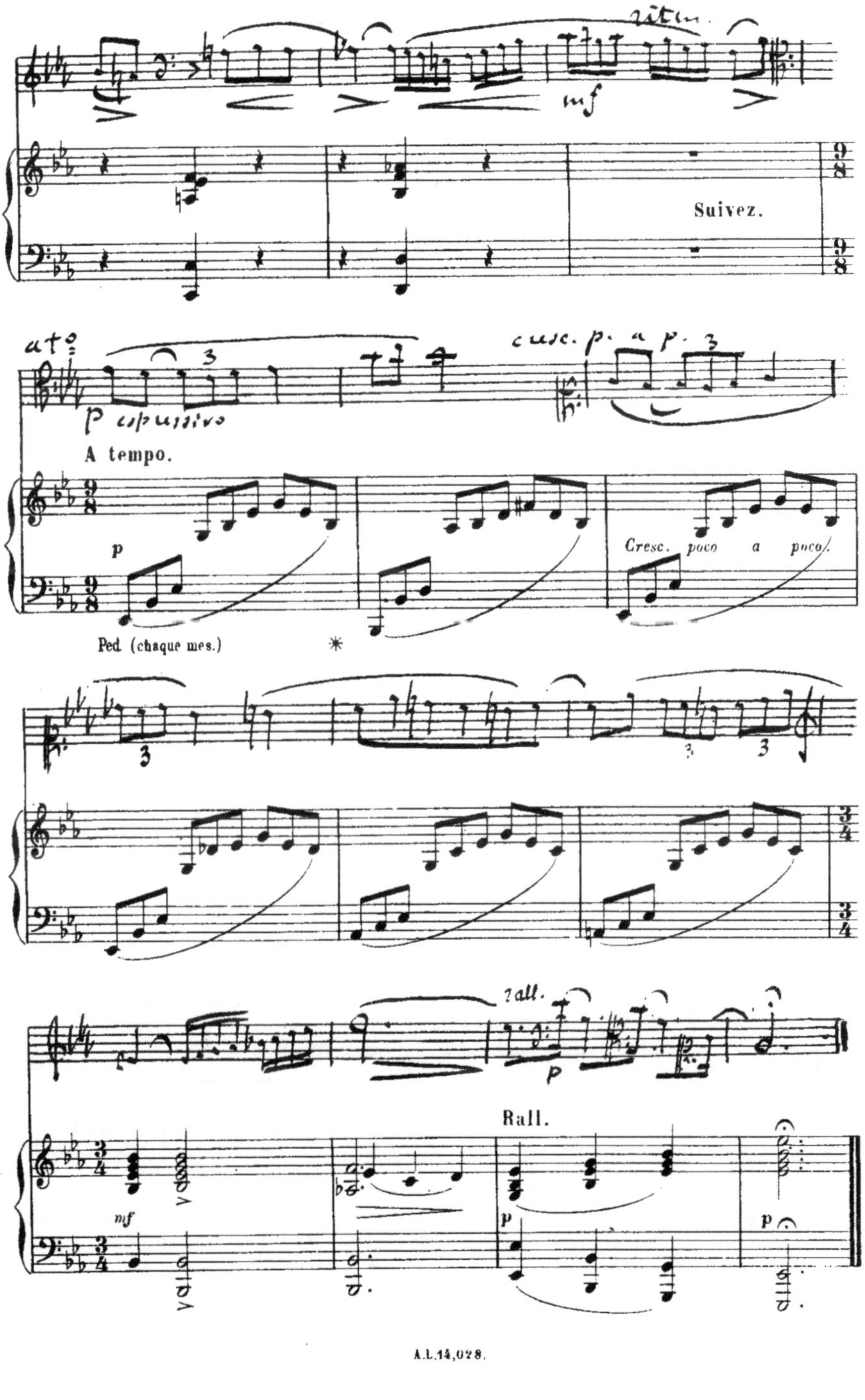

Suivez.

A tempo.

p

Cresc. poco a poco.

Ped (chaque mes.)

Rall.

Nº 2

p espressivo

cresc. poco

p

Cresc. poco.

Con Ped.

mf

p

mf

p

mf

p

mf

p

sf

sf

sf

sf

p

p

p legg.
sf
mf
f
p

Nº 3

Mod^to (♩= 72)
f marcato
Très rythmé.
f Marcato.
mf
Ped. (chaque mes.) ✳ Ped. ✳
p (écho)
pp
pp

f

f

mf

(écho)

p

pp

p

mf

Dim. poco a poco.

Rall.

Rall.

p

pp

2 Ped

Nº 4

p
p
p
poco rit.
a tempo
En dehors.
mf
Suivez.
mf
mf
p
mf
mf
p
chiuso
p
pp
ritem.
at°
p
capriccio
Suivez.
A tempo.
12/8
p
pp
Con Ped

p legato
Cresc.
p Cantando.
p
p
p
rallent. dim.
pp
Suivez.
pp
Nº 5
And^no (♩= 92)
p gracioso
Andantino (92 = ♩)
p
p
mf
mf

poco
poco.
p
p Sost.
Con Ped.
mf
Sans Ped.

Suivez.
mf
p
Poco
A tempo.
p sost.
Con Ped.
Rall.
Lento.
p

N° 6

Andte (♩=72)
dolce espressivo
Andante (72 = ♩)
p
pp
cresc.
En dehors.
Cresc.
Ped.
f
dim. 3

Dolce.
Poco cresc.
Cresc.
Sans Ped.
Ped.
Dim. poco a poco.
Suivez.
A tempo.
Dolce.

espressivo
poco rall.
dim.
Suivez.
Dim.
Nº 7
Allegro moderato.
Très rythmé.
A.L. 14,098.

mf
p
mf
p
p
p Cresc.
mf
f

sempre f
p
cresc.
mf
f
p
cresc.
molto
f
Cresc.
mf
f
p
Cresc molto.

N° 8

p
Cresc.
p
Ped.
mf
p
cresc.
Cresc.
Ped.
p
Cresc.
Ped.
Cresc.
Ped.
cresc.
mf
f
mf

cresc.
p
Cresc.
p. a p.
f
poco
a
poco.
f
p
cresc.
mf
Cresc.
Ped.
Ped.
f
mf
f

Nº 9
And^te espressivo (♩. = 72)
Andante espressivo (72 = ♩.)
Sostenuto.
Un peu en dehors et expressif.
Dim.
poco.

p
cresc.
mf
p
Cresc.
tr
Cresc.
mf
p
mf
p
mf

Espressivo.
Cresc.
Dim. e rall.
Dim.
cresc.
Rall.
dim.

N° 10

pp
p
poco
mf
Suivez.
pp
p
Cresc. poco.
mf
p
A tempo.
p
mf
pp
mf
pp
p
p
Cresc.
p
p
pp
p
pp

Nº 11

Sost.
Ped
Cresc.
Dim.
Poco animando.
Poco animando
(♩.=80)
Cresc.
poco
a
poco.
Dim.

Suivez.
Dim.
Ped
Poco animando.
Cresc. poco a poco.
pp
2 Ped.
mf
f
p
Suivez.
pp
mf
Rit.

A tempo. I°
pp
Con Ped.
poco
p
Dim.
Ped.
* Ped.
*
Sost.
pp
Suivez.
ppp
12
8
Ped.
*
2 Ped.
*
Poco rit.
A tempo.
pp
ppp
pppp
Con Ped.

Nº 12

p subito.
Cresc.
mf
p
p
Rit. molto.
A tempo.
Dim.
pp
sost.
poco.
mf
Dim.
p
Rit. e dim. poco a poco.
pp

Nº 13

dim.
Dim.
p
Cresc.
mf
pp
Cresc.
f

N° 14
Molto mod.to (♩=60)
Molto moderato (60 = ♩)
p
Misterioso.
pp Una corda sempre.
Ped.
mf
p
pp
cresc.
mf

mf
p
Ped.
pp
espressivo
ad lib.

poco
8a
dim.
poco
Ped.

p
Ped.
pp
f
Dim. poco a poco.
lall.
ad lib.
p Rall.
dim
Dim.
pp

N° 15

Andantino (♩= 88)
p legato
Andantino (88 = ♩.)
p
Con Ped. (chaque mes.)
p
p
cresc.
Cresc.
dim.
Dim.
p
p

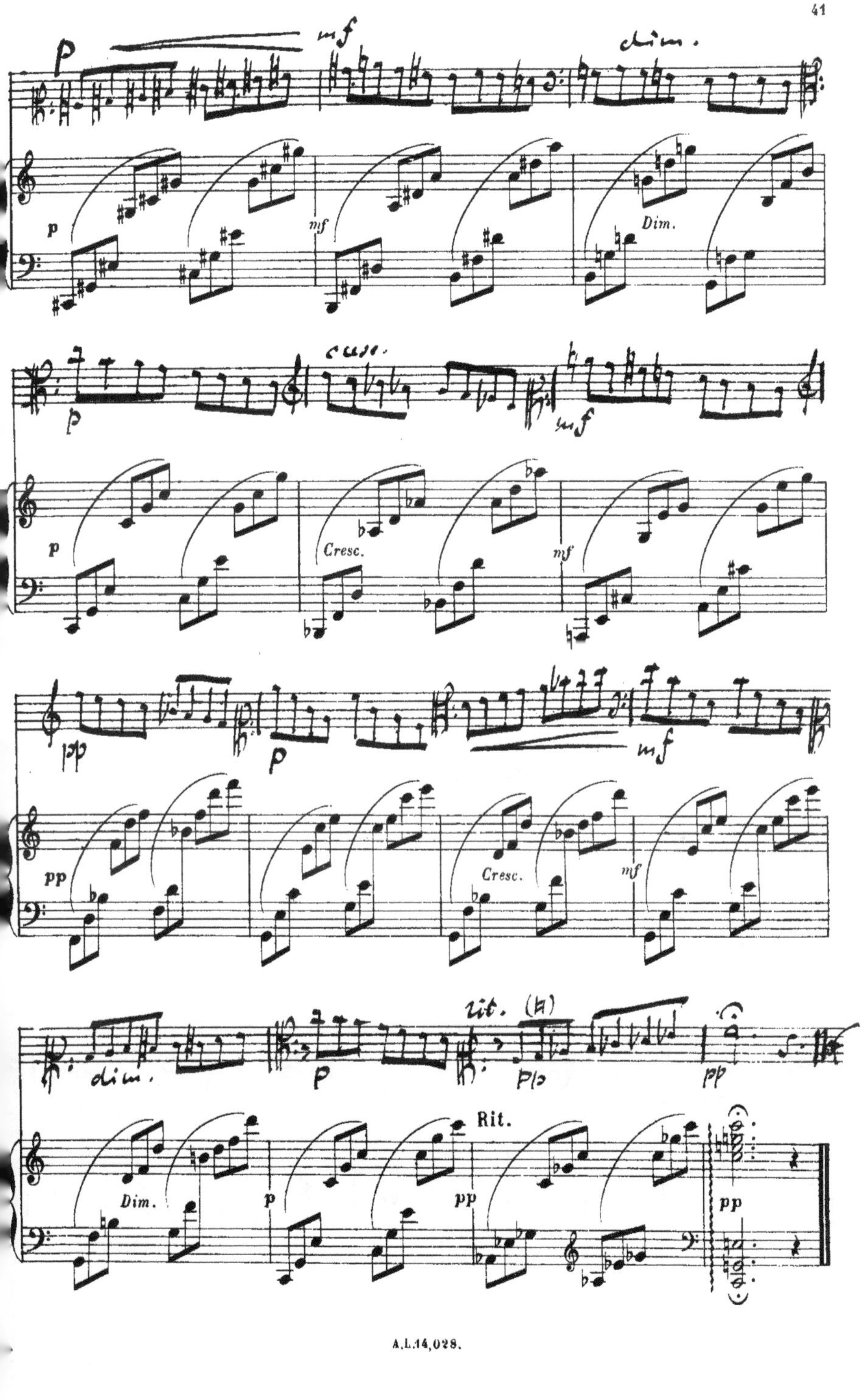
p
mf
Dim.
p
Cresc.
mf
pp
Cresc.
mf
Dim.
p
pp
Rit.
pp

Nº 16
Vivo (♩=120)
Vivo (120 = ♩)
f
mf Legg.
mf
f
p
Cresc. poco a poco.

mf
Sempre cresc.
f
p
Suivez.
p
Cresc.
A tempo.
f
p
Cresc.
mf
p
Cresc.
f

N° 17
Poco lento
Poco lento (72 = ♩)
mf
p
Dim.
pp
Cresc.
Dolce.
dolce
poco
Ped
Con Ped. sempre.

Poco riten.
A tempo.
pp
Dim.
mf
sf
p
Suivez.
p Un peu en dehors.
Con Ped.
pp
p Suivez.
2 Ped.

Nº 18

Vivo (♩= 132)
p grazioso
Vivo (132 = ♩)
mf
p Legg.
f
pp
Poco.
Ped.
pp
mf
Poco.
Ped.
p
mf
p
pp

p
Ped.
Suivez.
mf
A tempo.
Vivo.
f
p Legg.

pp
Ped
mf
p
mf
Ped
p

Ped.
Cresc.
Ped.
f
Ped.
Ped.
A tempo.
p
pp
Suivez.
A tempo vivo.
p
Cresc. molto.
f

Nº 19

Andante espressivo poco adagio (63= ♩.)
p
dolce
Legato e sost.
mf
f
(ad lib.)
dim.
p
mf

ad lib.
Dim.
Molto tranquillo.
Suivez.
poco.
Poco rall.
Dim.

Nº 20

p
p
poco.
Ped.
p
p
cresc.
dim
p
Dim.
p
mf
f
mf
f
Ped.
Ped.

p
mf
f
Ped
Dim.

Paris, Imp. Delpièse

CATALOGUE SPÉCIAL D'OUVRAGES

POUR

L'ENSEIGNEMENT MUSICAL

SOLFÈGES, EXERCICES, TRAITÉS, DICTIONNAIRE

MÉTHODES & ÉTUDES

Pour le PIANO, tous les INSTRUMENTS et pour le CHANT

PUBLIÉS PAR

Alphonse LEDUC, ✻, ✿, O. ✠, Éditeur, 3, rue de Grammont, Paris

Médaille d'Or à l'Exposition Universelle de Paris 1878, pour sa Bibliothèque **l'Enseignement Musical**

SOLFÈGES

Prix nets.

CHANAT frères, **Petit Solfège** ou Manuel musical des enfants, contenant 26 chants religieux et autres, autres, à 1, 2 et 3 voix (format in-16), 3e édition. . 1 50

LEDUC (ALPH.). **Solfège progressif** (ft in-8°). 2e éd. 1 25

MÜLLER (L.). **Solfège pratique et théorique** à l'usage des collèges, pensionnats, séminaires, etc., contenant 60 chants, à 1, 2 et 3 voix (format in-16), 10e édition (*cartonné*) 1 25

— **Le même solfège** avec accomp' de piano (ft in-8°). 6 »

Le même, cartonné . . . . 7 »

PITARCH (A.). **Petit Solfège des Enfants** (ft in-8°). 1 50

RODOLPHE. Solfège complet, nouvelle édition, dans laquelle les leçons trop hautes ont été baissées (format in-16) . . . . 2 »

— **Le même Solfège** complet, 1 vol. in-8° . . . 4 »

Le même, cartonné. . . . . 5 »

RODOLPHE. Solfège complet, à une voix. (Nouvelle édition revue par J. ARNOUD), (format in-16) . . . 2 »

THÜRNER (A.). **Solfège** ou **Dictées des Rythmes** (format in-8°) 1 50

TROJELLI (A.). **Petit Solfège des écoles**, ouvrage approuvé par M. L. DE RILLÉ (format in-16). . . » 50

VALENTI (A.). **Solfège** pour toute les voix, dédié aux orphéons, écoles normales, lycées, collèges, etc. Dans ce solfège, la partie supérieure est écrite en clé de Sol, et la partie inférieure est en clé de Fa (format in-16).

Première partie 1 50

Deuxième partie 1 50

Les deux parties réunies. 2 50

LEÇONS DE SOLFÈGE

Exercices, Dictées, etc.

ARNOUD (J.). **1600 Exercices gradués de Lecture et de Dictées musicales**. *Intonation, Rythme, Tonalité*, en deux volumes (format in-16).

1re Partie, 1.000 Exercices 1 50

2e Partie, 600 Exercices. 1 50

Les deux parties réunies. . . . . 3 »

— **50 Exercices d'ensemble** (format in-8°). . . 1 50

— **145 Leçons de Solfège** à 2 voix égales avec Accompagnement de Piano, 1 vol. in-8° . . . . 7 »

— **Cent Leçons de Solfège** à 2 voix égales, sans Accompagnement (format in-16) 1 25

DUVERNOY (H.). **90 Leçons mélodiques de Solfège** sur toutes les clés et les mesures connues, avec Accompagnement de Piano. Ouvrage adopté au Conservatoire National.

1er Livre : 30 leçons clés de Sol 2e et Fa 4e lignes . . 3 50

2e Livre : 40 leçons clés d'Ut 1re, 2e, 3e et 4e, Fa 3e et Sol 1re lignes. 3 50

3e Livre : 20 leçons a changements de clés. (Emploi des 8 clés) 3 50

Les mêmes, sans Accompt, réunis en 1 recueil (ft in-16). 2 »

Chaque livre séparé . . . . 1 »

Étude complète des Intervalles, *Mineurs, Majeurs, et Justes*, avec Accompagnement de Piano, 1 vol. in-8° 2 50

Prix nets.

THÜRNER (A.). **Dictées musicales d'intonation** (format in-8°). . . . . [illegible]

Dictées des Rythmes (format in-8°). . . . . . [illegible]

RILLÉ (L. DE). **Exercices de Chant**, à quatre parties, pour les orphéons et les sociétés chorales (ft in-8°)

Chaque partie. . . . . [illegible]

PLAIN-CHANT

DUVOIS (CH.) Méthode théorique et pratique de l'**Accompagnement du Plain-Chant**, la plus complète et la plus claire de celles qui ont été écrites jusqu'à ce jour. . . . . [illegible]

La même. Méthode élémentaire (format in-8°) . . . [illegible]

TRAITÉS

ARNOUD (J.). **Petite théorie de la Musique, avec** questionnaire. . . . . [illegible]

CATEL. Traité d'Harmonie. Nouvelle édition, très complete, et conforme à l'édition du Conservatoire (format in-16) . . . . [illegible]

CLODOMIR (P.). **Manuel du Chef-Directeur et** *des Exécutants* ou **Traité théorique et pratique** à l'usage des Musiques de **Fanfare et d'Harmonie.** — Cet ouvrage indispensable traite de chaque instrument, de son étendue, de son emploi, ainsi que de l'*Organisation et de la conduite de toutes les Musiques*. Il contient la figure de tous les instruments employés dans les musiques. 1 vol. (format in-16) . . . . [illegible]

DURAND (E.). **Traité complet d'Harmonie**, 1er volume (format in-8°). Cet ouvrage est le plus clair et le plus complet qui ait été écrit jusqu'à ce jour. Il est en usage au Conservatoire de Paris et dans ses succursales, ainsi qu'aux Conservatoires de Belgique, de Suisse, etc. . . . . 25 »

— **Réalisations des leçons d'Harmonie**, 2e vol. (format in-8°) . . . . 12 »

— **Traité d'accompagnement au Piano**, 3e vol. (format in-8°). . . . . 18 »

— **Traité de Composition musicale** (ft in-8°). 20 »

— **Abrégé du Cours d'Harmonie** (format in-8°). 10 »

— **Réalisations des Leçons de l'Abrégé** (ft in-8°) 5 »

— **Théorie Musicale** (format in-8°) . . . . . 7 »

RICHERT (F.). **Cours théorique et pratique de musique vocale** (4e édition), contenant un exposé analytique et raisonné des principes de l'art du Chant et un abrégé de la théorie du Plain-Chant . . . . 5 »

— **Traité élémentaire du Plain-Chant** (ft in-8°) 1 25

DICTIONNAIRE

SOULLIER. Dictionnaire complet de musique (format in-16) . . . . [illegible] 50

Volumes cartonnés (format in-16), en plus, net . . . » 25

— (format in-8°), en plus, net . . . » 50

Pour recevoir franco. envoyer le prix indiqué.

*Vient de paraître la 37e édition (170.000 exemplaires vendus) de la Célèbre Méthode de Piano d'*Alphonse **LEDUC**.

IMP. L. POCHY, 52, RUE DU CHATEAU, PARIS. *Téléphone : 728-80.*

www.ingramcontent.com/pod-product-compliance
Ingram Content Group UK Ltd.
Pitfield, Milton Keynes, MK11 3LW, UK
UKHW021651260726
13994UKWH00003B/1398